만인시인선·62

아버지의 시간

박상옥 시집
아버지의 시간

만인사

자서

　내가 던져놓은 말의 씨앗들이 무사한지 궁금하다. 어디서든 사람이 사는 곳에서 봉인을 뚫고 나와 싹을 내고 잎을 달고 꽃을 피운다면, 나는 불원천리인들 마다 않고 달려가 사랑으로 가슴에 품으리라. 늦게나마 말의 씨앗들, 한 포기 한 포기 정성으로 가꾸는 일이 행복임을 알았다. 이 행복한 길을 삐걱거리지 않고 천천히 오래 걸어가고 싶다.

2017년 가을

차 례

자서 ——————— 5

1 바람의 대답

폭포 ——————— 13
밤비 ——————— 14
낯설어지기 ——————— 15
붉은 일탈 ——————— 16
저묾에 대하여 ——————— 17
삐딱걸음 ——————— 18
균형 잡기 ——————— 20
땡볕길 ——————— 21
심심한 날에 쓰는 시 ——————— 22
백엽상 ——————— 23
수색 당하다 ——————— 24
동성로에서 길을 잃다 ——————— 25

차 례

2 부활의 조건

한티 가는 길 ——————— 29

몸은 우주다 ——————— 30

용서 ——————— 31

피정의 집 ——————— 32

알게 하소서 ——————— 33

눈은 몸의 등불 ——————— 34

부활의 조건 ——————— 35

산 자들의 축복 ——————— 36

하느님 ——————— 38

내 손을 잡고 계시니까요 ——————— 39

영혼의 암호 ——————— 40

사람의 바다 ——————— 41

분명한 해답 ——————— 42

파스카 ——————— 44

조배실에서 ——————— 45

바보할부지 ——————— 46

동행 ——————— 48

부활하는 땅 ——————— 50

차례

3 붉은 전언

옥산리 풍경 ——————— 53
붉은 전언 ——————— 54
마른 울음 ——————— 55
밤하늘의 문장 ——————— 56
둘된 사내 ——————— 57
구름 경작 ——————— 58
삽질 ——————— 59
한 갑자 품고 택배가 왔다 ——————— 60
다시 백학리에서 ——————— 61
아껴두는 인사 ——————— 62
구두를 버리다 ——————— 63
아궁이집 ——————— 64

---- 차 례

4 아버지의 비망록

아버지의 시간·1 ──────── 67

아버지의 시간·2 ──────── 68

아버지의 시간·3 ──────── 69

아버지의 문답 ──────── 70

아버지의 비망록 ──────── 72

집게 ──────── 74

아픈 거짓말 ──────── 75

유광지 이야기 ──────── 76

예 ──────── 79

弔燈 ──────── 80

차 례

5 가위 바위 보

밥 ——————— 83

이름 짓기 ——————— 84

가족 ——————— 85

가벼운 차이 ——————— 86

기싸움 ——————— 87

살림에 대한 이력 ——————— 88

가위 바위 보 ——————— 89

화해 ——————— 90

행복 찾기 ——————— 91

바람의 대답 ——————— 92

진부령 ——————— 93

우편함은 속이 붉다 ——————— 94

| 해설 |

현재 진행형의 시간을 위하여 _ 김선굉 ——————— 95

1
바람의 대답

폭포

흐름은 물의 순리다.
쏟아지는 하늘로 흐르다
구름 되어
산 너머 계곡 만나면
벽계수로 흐르다
잠시 바위에 기대어
앞서가는 세월
손짓하여 부르며 흐른다.

밤비

자분자분 비가 오는 밤은
쉬이 전등 끄지 못하고 빗소리를 듣는다.
자락자락 세상 소리 잠재운다.
간간이 자동차 자르르
삶의 질곡 숨 가쁘게 건너면서 밑줄 긋는다.
그러고 보면 오늘도 수없이
밑줄 긋고 별표로 묶으며
하루를 건너왔다.
긋고 묶음이
어디에서 풀리고 맺히는지 진작 알았다면
맺고 끊는 아픔은 없었을 것을.
자랑보다 많은 부끄러움 뒤돌아 지울 수 있다면
내게 잘못한 청춘을 용서하고
춘풍 이불 밑에 서리서리 드러누운
빗소리와 동침할 수 있으리.

낯설어지기

아침 저녁으로 다니는 길은 익숙하다. 길에서 만나는 사람들의 따뜻한 체온이 익숙하다. 늘 열고 닫는 신호등의 표정도 빗금 친 안전지대도 익숙하다. 횡단보도를 지나 하루의 행간으로 걸어가는 발자국소리도 낯설지 않다. 남녘 어디쯤 꽃 피는 소식에는 묵묵하더니, 꽃 지는 시간에는 세상이 익숙하게 낯설어간다. 택배처럼 보내온 낙엽에 초록 햇살이 낯설어지고 잎들의 별사에 가슴 애는 나무들이 낯설어지고, 닭 잦추는 겨울 새벽은 별들이 낯설어진다. 설익은 청춘의 눈물도 반짝이는 보석이 되는 노을 짙은 길목에서는 익숙한 거리도 자꾸만 낯설어간다.

붉은 일탈

출구가 자주 막히는 골목 햇살 따갑다.
게걸스레 들이마시고 토해내는 횡단보도.
퀭한 눈으로 껌뻑껌뻑 보내는
그 뻔한 눈짓에는 두근거림이 없다.
수첩 깊숙이 앉은 이름 하나 불러내지 못하고
요량 없이 돌아오는 길.
나무들 눈 시리게 푸르러도
한 번도 바로 서지 못하는 그림자
자주 흔들린다.
담장을 넘어오는 덩굴장미
툭, 툭, 저 붉은 일탈.
그리운 애지랑날
먼 길로 돌아오는 바람의 맥박이
연신 장미를 다독이고 있다.

저뭄에 대하여

채석강 앞에서 바다와 놀았다.
수만 권의 서책들.
시간의 어디쯤 바다에 펼쳐놓고
철썩철썩 행간을 읽는 일몰.
언덕에 올라 키조개 속살로
소주잔 기울이다
덜커덩 해가 잔 속으로 떨어지자
두 손 높이 들고
아베 마리아를 열 번쯤 불렀다.
저미는 뜨거움.
저뭇해지는 황혼과
눈물에 대하여
아무도 말하지 않았다.

삐딱걸음

허리가 찡하게 아프더니
왼쪽 다리가 쓰리고 따갑다.
코 끝에 안경을 걸친 한의원 늙은 의사가
안경 너머로 아래 위 훑어보더니
복도로 데리고 나와 똑바로 걸어보라고 한다.
복도 끝까지 두 번이나 왕복하면서
평균대에서처럼 애써 조심조심 걸었다.
구두를 벗어보라 한다.
삐딱한 뒤축이 민망하다.
언제부터 허리가 찜찜했느냐고 물었다.
몸이 용케도 참아줬다며
마음도 그렇지 않느냐는 듯
힐끗 쳐다보는
안경 너머 老眼이 슬며시 두렵다.
아프지 않은 다리에도 줄줄이 침을 꽂아 놓고는
삐딱걸음을 고쳐야 낫는다고 한다.
얼마나 오랫동안 삐딱하게 걸어 왔을까.
비딱하게 걸어온 길,

삐딱하게 걸어갈 길.
살금살금 실금 간 심신이
오래 근지럽겠다.

균형잡기

마당에는 아내의 화분이 스무 개도 넘는다.
곰국 한 독 끓여놓고 한 열흘 집을 비운다.
아침마다 크고 작은 화초에 듬뿍듬뿍 물을 준다.
싱싱하던 줄기와 꽃들이 갑자기 시들해진다.
돌아온 아내의 기막힌 일갈.
화초마다 물주는 간격이 다르단다.
균형이 무너졌단다.
며칠 지나니 제 얼굴로 생글생글 웃었다.
세상일 참 다 그러네.
얼마나 자주 힘에 부쳐 주저앉고
자주 너를 무너뜨리고 돌아섰을까.
다 내 마음인 줄 알았는데
되돌아오는 화살은
너와 나 가슴 무너지는 무거운 아픔이었어.
사는 일이 흔들리며 균형 잡고
균형 잡으며 흔들리고…… 참 그러네.

땡볕길

 얼마나 걸어왔을까. 앞섶 열어놓고 헤프게 웃음 흘리며 얼마나 땡볕길 걸어왔을까. 가로수 뜨거운 몸 미풍에도 자주 흔들리고 집들은 처마를 거둬들이고 도무지 물러서지 않는다. 불살 같은 햇살에 길은 솔개그늘도 내어줄 여유가 없다. 떠나고 방황하며 때로는 꿈꾸며, 머물고 돌아오는 길에서 업보처럼 안고 가는 그리움. 세상 품을 가슴 가지지 못해 침묵하면 길은 손사래 치며 침묵하지 마라 한다. 노래하고 고함지르고 웃고 울기도 해야 세상은 그늘지붕을 내어주고 따뜻한 문장으로 말 걸어준다. 처음과 이제와 내일로 이어지는 길은 붉은 입술이 아름다운 열매 맺을 때까지 막차의 시간을 재고 있다.

심심한 날에 쓰는 시

턱 괴고 밖을 내려다본다.
지붕들은 사람들의 단꿈을 보듬어주고
겨울로 가는 미루나무는 여윈 몸으로 서 있다.
창문은 완강하게 닫혀 있다.
좀처럼 열리지 않는 대문.

가스레인지 위에는 푸푸거리는 물주전자.
입김에 흐려지는 안경 닦으며
문득 손 흔들며 이별을 배운
눈 내리던 긴 겨울을 생각한다.
한 번도 제대로 사르지 못한 그리움
툭툭 털어내지 못한 그 날의 눈꽃으로 피었으리라.

창문을 넘는 햇살 품에 안으면
절절히 전해오는 봄날의 사연.
행간을 읽어내지 못하는 시는
파락호의 바람기거나 개똥참외의 맛.

백엽상

지방도를 달리다 초등학교 마당
하얀 백엽상이 바람과 노는 것을 보았다.
차를 돌려 백엽상 울타리에 기댄다.
기상판 어느 봄날의 기온과 맑음은 고즈넉하다.
날개 돌아가는 풍속계는 무심의 정물이다.
찬바람에 내몰리는 오늘은
몸 속에 든든한 백엽상을 짓고
하루를 건너갈 체온을 챙긴다.
두터운 외투 입고도 꽃샘추위에는 춥다.
한 잔 커피로 사랑을 이야기하고
이별에 동의할 줄 알지만,
풍진 세상 바람보다
한 발 앞서 돌아가는 팔랑개비.
뻐꾸기 울음 같은 시름 풀어낼 비책 찾으러
산굽이 돌아 역풍 맞으며 가속을 한다.
매일 새롭게 짓는 몸의 백엽상 열면
내일은 바람에게 물어보라 할 것 같다.

수색 당하다

응급실로 걸어 들어갔다.
건성으로 몇 마디 묻고는 팔찌를 채우고
한 평도 안 되는 침대에 구겨 앉힌다.
약물 봉지 주렁주렁 달아 주거 제한을 시키고
팔목과 손등 뒤져 깊이 숨은 핏줄을 찾아낸다.
아직은 붉게 고개 쳐들고 있는 얼굴이
낯설게 밖을 내다보는 순간
질펀한 간구함이 천천히 몸 속으로 흘러든다.
동맥을 타고 심장부로 잠입한 수색병의 눈빛이
좌심방 어디에다 몰래 묻어둔 부끄러움,
들추고 싶지 않은 기막힌 사연들 찾아서
막힌 길 뚫고 고무풍선 바람 넣어
좁아진 길 넓히며 돌아다녔다.
모니터에는 널브러진 삶의 조각들이
조심스럽게 움직이며 맞추어지고 있다.

동성로에서 길을 잃다

동성로.
오래된 기억으로 걷는다.
옛날은 없네.
백화점 삼거리 불빛에도
옛날은 없네.

  몇 번쯤 둥글의자에 앉아 막걸리잔 비웠을 골목 오랜 간판은 낯선 이름으로 돌아앉았네. 언제 손 흔들어 오늘을 보냈던가. 빈손으로 흘러간 오늘이 빈손으로 돌아와 서 있네. 젓가락 장단에 청춘의 새벽달 뜨고, 십구공탄 이글이글 타던 진골목. 지붕 낮은 행복식당도 공사 중, 오늘 오래 길을 찾지 못하네.

2
부활의 조건

한티 가는 길

한티재
굽이굽이
모롱이
돌아가면
산바람 달려와서
발 맞춰
숨 고르고
산그늘
두 손 잡으면
아득아득
하 청산

몸은 우주다

어둑새벽.
기도방에 앉는다.
편안함으로 어둠이 된다.

어느 마전장이 마름질로
궁창을 만들었을까.

하늘 끝에 걸린 조각달 보이고
커피향이 보이고
푸른 싹 돋은 풀들이 보인다.

어둠과 밝음의 숙주인
몸은 우주다.

천지창조다.

용서

세상에서 제일 어려운 일이
용서하는 것이다.
수시로 가마득히 지난 일이
불쑥 부아를 지르고 올라오면
핏줄 곤두서고 주먹이 불끈 쥐어진다.
세월 따라 잊혀짐도 하다 마는
가슴을 후비며 일어설 때는
제어되지 않는다.
그래도 용서해야 한다며
용서 못 하는 자신을 위해 기도하라.
보속을 받고도
용서는 기도 속에 없다.

피정의 집

한티 피정의 집
새벽 짙은 안개가 산을 먹었다.

허전허전 늘어지는 고갯길
선잠 깬 산새들 발걸음 적막이다.
이름 몰라 이름 불러주지 못하는
저 유택의 아랫목은 따뜻할까.
지옥에서 천국의 삶을 살다간 사람들.
절망의 끝에서 외치던 구원의 기쁨을
이젠 사람의 거리에서
부드럽게 목을 풀어라.

고요의 집
기도로 불 켜지는 창
무거운 커튼 활짝 열리면
왈칵 쏟아낼 듯한 저……

알게 하소서

풀잎의 언어로 기도하게 하소서.
묵주알 하나가 우주의 무거움인
진리를 알게 하소서.
목마르고 배고픔 중에 얻은
물 한 모금 빵 한 조각으로도
풍요로움을 알게 하소서.
부대끼는 세상에서
낮은 자리에 앉는 겸손을 알게 하소서.
곤핍한 길이 멀고 힘겨울지라도
뒷걸음질 치지 않게 하소서.
당신의 시냇가에 뿌리를 심으소서.
잎 달고 꽃 피우겠습니다.
그러나 열매는 당신의 몫임을 알게 하소서.

눈은 몸의 등불*

눈이 침침하니 몸도 침침하다.
천리안 안경점에서 시력 검사하고
안경 도수를 높였다.
거리 표정들이 잘 보인다.
내 몸도 잘 보인다.
온몸 휘돌아 감도는 한 오라기 빛이
겹겹 쌓아온 시간 깊은 곳에 감춰진 흉터
도려내는 칼날이 아니기를,
가쁘게 달려온 길의 등불이었듯이
숨 고르며 걸어갈 길에 잠시 머물 빛이
아름다운 기도이기를.
몸 어느 한쪽을 열고
쌓인 어둠 털어내는
아침에는 안경을 닦지만
몰골 살피기에 골몰하여
여전히 몸은 침침하다.

----

*루카 11장 34~36절.

부활의 조건

오늘 나는 누구의 가슴에 살아있을까.
오늘 나는 누구를 가슴으로 불러올까.
오늘 누가 나를 위해 기도하고 있을까.
오늘 나는 누구를 위해 기도할까.

기억의 변방으로 밀려나도
어느 날 문득 누군가 그리워지면
그는 내 안에서 화려한 부활이다.

잊힘에서 부름으로 일어서는 부활은
나와 너, 그대와의 관계 맺음이며 기억이다.

부활은 그리움의 깨어남이며
살아 믿는 자의 은총이며
살아 기도하는 자의 축복이다.

산 자들의 축복

연도를 드린다.
한 생애 수습하고
살아있던 날의 모습으로 앉은
영정 위에다 성수를 뿌리며
"망자에게 영원한 안식을 주소서."

그리움도 기다림도
사랑도 질투도 함께 묻어
산 이들의 땅에서 있던 자리조차
알아내지 못하는 시간이 오리니.
지나가는 그림자 같고,
한낱 숨결과도 같은* 한 생애가
채움과 비움의 연속이었음을 알지만
누구도 그 속장을 펼쳐 읽지 않는다.

낙화를 아름답다 하지 않음은
가지에 피어있는 꽃들이 더 아름답고

누구를 위해 기도하는 오늘이
살아 있는 자들의 축복임을.

---

*시편 144장 4절.

하느님

하느님.
오늘도 썩을 밥 한 덩이를 위하여 이전투구했습니다.
쉽게 구해지는 일이라면
왜 바짓가랑이가 엉망진창이 되었겠습니까.
내게 잘못하는 놈들을 용서하지 않았습니다.
물고 늘어져 이겨야 했으니까요.
그러니까 하느님 저를 용서하지 마십시오.
유혹은 재스민 향기처럼 부드럽고,
눈깔사탕보다 달콤했습니다.
붉은 손 검은 손,
현란한 손짓에 풍덩풍덩 빠져 놀다가
뭍으로 나온 벌거숭이.
부끄러운 줄도 모르겠습니다.
햇볕에도 마르지 않는 영혼.
악에서 구하지 마십시오.
헤어날 길이 없습니다.
하느님.

내 손을 잡고 계시니까요

노인성경대학 원장 수녀님이 강의 중에
언제 하느님을 찾습니까 묻는다.
대답 참 가지가지다.
기쁘고 좋을 때보다 아프고 어려울 때가 더 많다.

미수 지난 할매가
나는 하느님을 찾지 않습니다 한다.

모두 과녁 빗나간 화살을 줍는 표정들이다.

늘 내 손 잡고 계시니까요.

영혼의 암호

휴대폰은 방마다 주인이 있다.
0번은 하느님이다.

시도 때도 없이 불러대면
늘 0으로 무언 설법이다.

더하고 뺄 것 없으니
가질 생각 말고 주라는 뜻일까.
곱하고 나눌 수 없으니
비우고 또 비우라는 뜻일까.

시작도 없고 끝도 없고
시작이 끝이고 끝이 시작인
열리지 않는 城
있는 나*만이 열 수 있을까.

---

*탈출기 3장 14절.

사람의 바다

바다는 침묵하지 못한다.
미풍에도 출렁이고
아침 햇살에 붉게 웃고
저녁노을에 붉게 울지만
목소리는 언제나 가볍게 울타리를 넘는다.
바다는 배부름을 모른다.*
어떤 말로도 다 말하지 못하고
보아도 보아도 눈에 차지 않고
들어도 들어도 귀에 넘치지 않는다.
돌고 돌며 지나간 바람은 다시 돌아와
등 떠밀며 출발을 재촉한다.
그러나 어제 짓던 집을 다시 지어야 하는 오늘은
햇살 따가운 거리로 나가
젖은 옷 말리고 또 적신다.

---

*코헬렛 1장. 7~9절.

분명한 해답

하루 세끼 꼬박 챙긴다.
끼니마다 숟가락 간추리는 것은
엄숙한 의식이다.
배고프면 먹고 목마르면 마시는 일은
몸의 정직한 되울림이다.

먹어도 배부르지 않고
마셔도 목마름이 몸 안에서 없어지지 않도록*
몸뚱이 부실공사 시공자는 누굴까.
몸 칭칭 감아 도는 공허함은
질박한 삶의 배고픔일까.
무심한 세월의 목마름일까.

게걸스럽게 먹고 마시는 일로
해결되지 않음은 분명

내가 이 땅에 굶주림을 보내리라.
양식이 없어 굶주리는 것이 아니고

물이 없어 목마른 것이 아니라.
주님의 말씀을 듣지 못하여 굶주리는 것이다.**

---

*미카서 6장. 14절.
**아모스서 8장. 11절.

파스카*

쇠죽 아궁이에서 구워낸 보리개떡 뒤로는
누룩 안든 빵을 먹지 못했지만
매일 새벽 분주하게 파스카를 준비한다.
구운 양고기나 쓴나물 대신
흰 쌀밥과 달짝지근한 나물로
배부름을 가늠하면서
몇 번이고 신발끈 고쳐 맨다.
먼 길 의지할 지팡이 대신
손전화기 신주처럼 챙긴다.
문설주에는 지난 동짓날 팥죽 자국 선명하다.
할례받지 않은 불 은밀하게 감추고
하루를 건너며 만나를 줍는
도시의 발바닥은 가뭄이 오래다.

---

*탈출기 12장. 1~14절.

조배실에서

화등잔 불빛이 어둠을 밀어내고 있다.
가부좌 튼 다리 욱신거리고
묵음의 기도는 가볍게 밀려난다.
삶의 더버기를 풀어내기에
묵음의 종종걸음이 숨 가쁘다.
갈수록 퀭해지는 불빛
동그라미 밖에 있다.
기웃거리며 추파를 던져도
동그라미 안으로 들기엔
살아온 길이 너무 멀다.
밝은 집 한 채 지으려는 부싯깃이
어둠에 젖는다.
내 속에 똬리 틀고 앉은
저것은 무엇일까.

바보할부지

이른 아침을 달려 용인 땅 성직자 묘지.
바보할부지 만나러 산길을 오른다.
헐거워진 몸들이 산자락 가득 묻어오는
아지랑이를 맞이할 겨를이 없다.
세상 구하기 위해 세상을 버린 사제들이
햇살 따사로운 세상을 안고 누워
바보할부지 허허허 손들어 맞는다.
한참을 할부지 구수한 입담에 젖는다.

꾸부정한 어깨로
순례자의 고단한 손 잡아주며
뿔테 안경 너머
산 자들의 가슴에 살아 있다.

돌아서는 발길 불러 세워
가만히 쥐어주는 묵언.

—고맙습니다.

―서로 용서하십시오.
―사랑합니다.

차창에 비치는 세상 풍광 참 아름답다.

동행

아가다 할머니는 米壽를 맞았습니다.

칠순 때 기도했습니다.
주님! 제가 주님에게 갈 때까지 성경을 다 쓰고 싶습니다. 주님만 믿고 시작합니다.
매일 밤 한두 시간 기도하는 마음으로 썼습니다.
공책 줄줄이 주님 발자국 소리 들었습니다.
졸음이 밀려올 때는 찬물에 세수하고 머리에 수건을 질끈 메었습니다.
별들이 내려와 응원했지요.
자식들도 걱정했지만 별들과 함께 응원했습니다.

하루에 한 구절만 쓰세요. 나머진 우리가 쓸게요.
그래, 그래 대답은 했지만
한 줄이라도 내 손으로 쓰고 싶었습니다.
한처음에 하느님께서 하늘과 땅을 창조하셨다.*
주 예수님의 은총이 모든 사람과 함께 하기를 빕니다.**

마침표를 찍을 때까지 십오 년이 흘렀습니다.
스무 권이나 되는 공책을 품에 안고
하느님 만셉니다.
목이 메여 만셉니다, 만셉니다만 했습니다.

미수 잔칫날
주님! 다시 시작할랍니다. 같이 가입시데이.
기도했습니다.

---

*창세기 첫 구절.
**요한묵시록 마지막 구절.

부활하는 땅

아침 햇살 일어나 성큼성큼 걸어오면
낮과 밤의 어간재비 스스르 열리고
정지된 시간이 흐르는 시간으로 풀린다.
발 소리 사라진 사람들도
집집마다 명패 내걸고 대문을 연다.
순례자들은 인연의 끈 찾아 꽃을 달고
생전에 남기고 간 훈기에 기대어
안부를 묻는다.
오늘은 내 날이지만 내일은 네 날이라오.*
두 손 모은 기도가 깊어진다.

---

*남산동 천주교 성직자 묘지 정문 기둥에 새겨진 HODIE MIHI CRASSTIBI(집회서 38장 22절).

3
붉은 전언

옥산리 풍경

산자락 깔고 앉은 옥산리
개울 징검다리 오가며 윗실 아랫실
백 년 넘은 당산나무 잎 푸른
고즈넉한 마을.
띄엄띄엄 아침 연기 나는 굴뚝.
아카시아꽃 향기 짙어져도
들판에는 사람 꽃 피지 않고
빗장 걸린 대문
오수가 늘어진다.
칠순 지난 최영감 내외
된장 간장 그대로 두고 아들 따라나설 때
마당가 감나무 눈물꽃 달아도
녹슨 경운기 털털털 한 자락
노래로 달래주지 못한다.

붉은 전언

남해 바닷가를 거닐다가
알래스카에서 날아온 전화를 받았다.
낯선 사람의 낯선 전화였다.

조심스럽게 누구냐고 물었다.
선배 언니가 숨 몰아쉬기 며칠 전
이 번호가 적힌 쪽지를 몰래 쥐어 주었다고 했다.
알리지 않아도 된다며
그냥 적어본 번호라 했는데
생각하고 또 생각하다가
전화번호를 눌렀다고 했다.

노을 지는 바다
붉은 전언을 적시며
비가 올 것 같다.
비가 온다.

마른 울음

앞집 마당에는
망아지만한 일본산 아키다가
사시장철 쇠줄에 묶여 있다.
天刑처럼 깊어진 야생의 덫에 묶여 있다.
사람을 만나면 흐흐 짖는, 아니 운다.
속울음 우려내어 신세타령하듯 울고,
기도일까 하소연일까
<u>흐흐 흐흐흐 흐흐</u>
깊고, 길게 운다.
울어도 울어도 메아리 방울지지 않는 울음.
빗장 걸린 소리 문 열리지 않는다.

밤하늘의 문장

별 따러 가자는 문자가 왔다.
별은 창가에서도 마당에서도
하늘만 쳐다보면 볼 수 있지 않은가.
망월사 주지 스님이 따라주는 보이차
차마고도 말똥내 나는 차 앞에 두고
찻잔에 빠진 별 건져내고 있다.
별들을 띄워놓은 밤하늘의 문장.
그 행간 걸어볼 엄두도 내지 못한다.
연거푸 말똥내 컹컹거리며 차를 마시면
법문 행간에서 별 하나 딸 수 있으리라.
산사의 풍경에 취하다 돌아오는 길
찻잔에서 건져올린 별들 얼마나 들어 있는지
주머니 속 애써 헤아리지 않는다.

둘된 사내
―이시연 시인에게

멀리 있으면 그가 던진 육담이 생각나고
만나면 아프도록 손 놓을 줄 모른다.
장닭이 서너 번 홰를 쳐야 아쉬운 듯 술잔 놓고
헤어질 땐 몇 번이고 손 잡으며 돌아설 줄 모르는
둘된 사내.
낮은 자세로 높이 걸으며
어깨가 구부정한 사내.
耳順 넘은 세월의 길목에서
보고 싶으면 언제든지 흰머리 쓸어 넘기며
달려올 것 같은 둘된 사내.

구름 경작

두둥실 푸른 구름 갈아엎고 싶다.
발 밑으로 불러 쟁기질로 골을 타고
제멋대로 몸 바꾸고 자리 옮기지 못하도록
참 좋은 시절의 햇살로 울타리를 두른다.
내 안에 있는 앙금 털어내어 밑거름으로 넣고
따뜻한 날들의 기억을
골골이 심어 새싹 기다리리라.
기다리는 밤낮이 길더라도
봄바람처럼 돌아오는 청춘이 있다면 좋으리라.
소소리바람 불어도
싹들이 고개 내밀어 하늘 부르고
뿌리들이 땅심 움켜쥘 때
누가 몰래 가라지를 뿌린들 어떠리.
후림새 몰고 와 한바탕 분탕질한들 어떠리.
꽃들이 겨자씨만한 소망 알아주고
한 번 싱긋 웃어주면 되는 것을.

삽질

텃밭을 일구다.
울타리를 만들고
배추 무 몇 포기 심을 요량으로
삽질을 한다.
속살 드러낸 흙더미 위로
햇살이 잠시 꿀렁거렸다.
허리 잘린 지렁이 안간힘으로 숨어들고
애벌레 원망스러운 눈빛으로 쳐다본다.
풀벌레들이 삽날에 결사적으로 달라붙는다.
저항이다.
이 무거운 저항에
어떻게 답해야 하는가.
멀찌거니 서 있는 나무들도
입 다물고 있다.

한 갑자 품고 택배가 왔다

은행알 한 상자 우체국 택배로 보냈다.

한 甲子를 품고
세월의 등 너머에서
숙이가 달려왔다.

─커서 뭐 될래.
─난 선생님.
─난 좋은 엄마.

나는 도시의 둘된 사내되고,
귓불 곱던 숙이는 튼실한 두 아들 엄마로
오래전 문 닫은 모교 울타리 지키며
무잎 같은 손으로 씨 묻는다.

어느새 은행잎 지는 남의 나이.
조금은 따뜻하게 남은 젊음의 이슬 위에
식지 꾹꾹 눌러 그날의 연서 쓴다.

다시 백학리에서

폐교된 분교 사택 해토머리 봄날
지짐지짐 한나절 흐르고 있다.
흙 향기 텃밭 고랑에 풀어지고
뒷산 뻐꾸기 목 푸는 소리 노을로 물드는
오늘이 그냥 지워진다.
삽짝을 걸지 않은 마당
별빛 흐드러지게 풀꽃으로 피는 자리
용두질하며 일어서는 잡초들 용심 달래던 호미
인적 끊긴 마당에 버리고
반딧불이 여름밤을 버리고
까치밥 가을도 버리고
폭설에 발목 잡히던 겨울 아침도 버리고
훌훌 빈손으로 떠났던
백학리.

아껴두는 인사

오랜만에 여름 양복을 입었다.
제법 몸태가 나고
주머니마다 용심도 불룩불룩했는데
어깨가 처지고 허리통이 헐렁하다.
거울 앞에서 나도 모르게 피식 웃는다.
추리하고 초라하다.
아내 손에 끌려 백화점에 가다.
한 치수 낮은 옷을 가져와
옷장에 나란히 걸어두다.
새 옷 자리가 없다는 이유로
슬그머니 내려지는 날까지
허전한 인사는 아껴둔다.

구두를 버리다

몇 번이나
고쳐 신으며 버텨온
발바닥.

길 위에
짐 부려놓고
동그마니 앉은

저 초라함.

시방
살이 판 이야기 한 자락
버리고 있다.

아궁이집

할아버지는 딸들이 요양원으로 모셔가고 할머니 동그마니 시골집 지킨다. 할아버지 보고 싶지 않으시냐고 물었다. 쪼그리고 앉아 아궁이에 장작개비 던져넣으며, 아싸하게 보고 싶다는 생각은 없는데 쥐고 있던 것을 놓아버린 것 같네. 영감 손 간 물건들 보니 문득문득 코끝이 짠해지니 이게 보고 싶은 건가. 잔불 일구며 허허 속애린 웃음 울컥울컥 따라 웃었다.

4
아버지의 비망록

아버지의 시간 · 1

살아온 기억들이 사라져가는
아버지 생애 어디쯤
화려한 시간들이
집 앞 개울물처럼 흐르고 있을까요.
기억의 갈고리 풍덩풍덩 던지신,
언뜻언뜻 걸리는
마흔 또는 쉰쯤의 화려한 날들의
그 쨍쨍한 햇살들.
아버지의 시간은
언제나 현재진행형이다.

아버지의 시간·2

아버지,
뒤뚱걸음 걷다가 이마 다치셨다.
머릿속 사진 찍었다.
회오리바람 지나가고
바람의 눈 반짝이며 머물고 있어
비 오고 바람 불고,
아흔 해 걸어온 길 끄트머리부터
흠집 나고 있어
옹골차던 말문이 삐걱거리고
뒤뚱걸음 걸으신다.
아버지,
아장아장 유년으로 돌아가는
아름다운 시간입니다.

아버지의 시간·3

조심조심 이층 계단 내려와
수십 년 애마로 발품 판 자전거
지팡이로 꾹꾹 눌러보신다.
바람 나간지 이미 오랜 타이어
바람 넣으라고 하신다.

"아버지 지금 타실래요?"

"내일은 타지 싶다."

마당이 한동안 뒤뚱거린다.

아버지의 문답

아흔 아버지 요양병원 가시는 날
간호사가 자근자근 문답식으로 묻는다.
―할아버지, 지금은 언제입니까?
―지금.
―몇 년, 몇 월, 며칠인지 아세요?
―셈을 못하겠네.
―계절은요?
―봄인가? 여름인가?
―사시는 곳은요?
―가족들을 말씀해보세요.
―많다.

아버지의 세월 셈법은
더하고 빼고 곱하고 나누기가 아닌
살붙이 함께 걸어온 발자국이고
살 비벼온 숨결인가보다.

세상 일 다 내려놓은 듯

우두커니 먼 산 바라보는 눈길
문득 평안하다.

아버지의 비망록

*

아버지, 노을구름 따라 가며
손가락 장단에 고개 끄덕이신다.

"아부지요, 몇 곡 불렀니껴?"

그냥 씨익 웃으신다.

책장마다 한 시절 풍미하던 노래 따라
아버지 그렇게 흘렀으리라.

*

눈 녹은 산골짝 이등병 총구 앞에 피어나던 눈물꽃. 전우여, 전우여! 부르며 돌아선 발길. 발길 따라 번지 없는 주막에서 허허한 웃음 안주 삼아 동동주 술타령에 상모서리 아프게 홈집 늘어나듯 홍안에도 세월꽃 돋았으리라. 석양빛 치마폭에 감싸고 걸어가신 어머니 눈물길. 세찬 바람 가슴 조인 날들. 회한으로 풀어내는 것일까.

*

아버지의 노래는 슬프고 절절하다.

책장을 넘기면 나뭇잎 구르는 소리가 난다.

세월아, 물어보자. 내 청춘 어디 갔노.

꾹꾹 눌러 쓴 절창.

집게

방 수리하고 서랍을 정리하신다.
아무도 아버지의 세월 건드리지 못한다.
쓸 것만 고르도록 보채어도
손때 묻은 아무 데도 쓸모없을 물건들
다시 챙기시며 오래 생각하신다.
삶의 한소끔 풀기가 저토록 어려운가.
그리움 따라 걷기에 다리가 아프다.
녹슨 집게 하나
米壽의 아버지 놓아주지 않는다.

보물처럼 챙기는
꺼풀진 젊은 날의 비망록.

아픈 거짓말

병실 갈 때마다 아버지
"차 가지고 왔나?"

"주사 다 맞으시면 차 가지고 와서 모셔갈게요."

방울방울 수액이 몸을 데우는 동안
몇 번이나 방문을 열고,
몇 번이나 책상 서랍을 열고 닫으셨을까?

차를 몰고 돌아오는 길.

거짓말이 아프다.

유광지 이야기

*

경상북도 달성군 해안면 유광지, 행정 지도에도 이미 지워지고 마을도 사라졌다. 동네 앞 연못가 수양버들 눈부시게 반짝여 붙여진 이름, 마을 가로지르는 개울가 빨래방망이 소리, 할아버지 기침보다 먼저 울리는 교회당 새벽 종소리, 보리 닷말 새경 받는 고지기 카랑카랑한 목소리, 유광지 사람들은 유광지를 가슴에 품고 산다.

*

아랫도리 홀랑 벗고 돌아다녀도 누구도 흉보지 않아 부끄러운 줄 모르는 네다섯 살, 익은 농주 찍어 먹고 불콰하게 비틀거리며 갓 내려온 병아리 따라다니다 어미닭에게 손등 찍혀 자지러지게 울면 할머니 제일 먼저 달려오시어 호호 불며 "댓기댓기" 어미닭 쫓으면 할머니 마른 품에서 눈물 그쳤다. 돌다리 건너 마을 초입 초가삼간 낮은 토담 울타리. 오동나무 지붕보다 높아 오동나무집으로 불렸다. 겹겹 쌓인 볏짚 지붕, 서까래가 힘겨웠다. 추수가 끝나면 어머니는 한 대엿새 보따리 행상

떠나시고 할아버지 마른 손에 침 퉤퉤 뱉어 꼬는 새끼, 길이만큼 밤이 깊어갔다. 할머니 윗목에서 밤늦도록 물레 돌리시고 나는 이불 속에서 엄마 보고 싶다 칭얼대며 잠이 들었다. 날이 밝으면 식구들은 골목을 기웃거리며 서부전선 이등중사 아버지 군사우편을 기다렸다.

*

설날이면 아이들은 집집마다 건성세배. 절값 강정 주머니에 넣기 바빴다. 바람 빠진 공차며 노는 해거름 주전부리였다. 정월 대보름. '農者天下之大本' 농기 앞세우고 집집마다 지신 밟는 날은 마을이 출렁거렸다. 큰일에는 하늘님을 먼저 찾는 사람들이 사는 유광지. 전쟁으로 호주 쌕쌔기 뜨고 앉는 길 만든다며 강제 소개령에 말 한마디 못하고 피난길 나서는 날 아침, 할아버지는 곰방대에 연기만 뿍뿍 뿜어내고 할머니는 살림살이 챙기면서도 다리 힘이 풀렸다. 무명치마 뒤집어 내 콧물 훔치는 어머니 손이 자꾸만 떨렸다. 마을이 무너지는 날 사람들은 동구 밖 언덕에서 내려다보며 울었다. 흑인

병사가 불도자 쿨럭쿨럭 쇠바퀴 굴리며 점령군처럼 쳐들어오더니 마을 들어오는 돌다리부터 내려 앉혔다. 교회당은 툭툭 기둥만 건드려도 견뎌온 세월이 무색하게 와르르 무너져 내렸다. 살던 집 무너질 때는 발 동동 주저앉았다. 어머니는 자꾸만 내 볼에 얼굴 부비며 훌쩍 훌쩍 목이 막혔다. 나는 마루 밑 구슬 딱지 묻어둔 보물창고를 걱정했다.

*

아버지 꿈 키우던
해안소학교* 백 년 역사 이어가고
유광지 아이들 칠순을 넘어서는데
반백 년 지나 지하철에
해안역**이 생겼다.

---

* 1926년 해안공립보통학교로 개교. 대구광역시 옻골로 50.
** 1998년 개통한 대구도시철도 1호선 동촌과 방촌 사이 역.

예

　섣달에 아버지 유택을 마련하고 이듬해 칠석날 찾았다. 앞마당 손 짚고 엎드린 자리 불편하다. 개망초꽃, 땅가시, 억새, 잡풀 뒤엉켜 거칠다. 조심스럽게 심은 잔디는 기가 죽어 맥을 못 춘다. 키 큰 개망초 손으로 뽑아 올리면 한참을 버티다가 잔디까지 물고 늘어진다. 철 지난 풀꽃, 철 이른 풀꽃들 다정하게 이름 한 번 불러주지 못하고 낫으로 조심스럽게 후려낸다. 땅가시 억새들은 낫으로는 감당이 안 된다. 따가운 햇살 망토처럼 걸치고 악전고투다.

　아버지, 내다보시며 한 말씀하신다.

　사는 것도 그렇제?

　예.

弔燈

아이 적에 할아버지 돌아가셨다.
마당에 차일 치고 사람들 북적거렸다.
마을 어귀에서 대문까지 군데군데 조등 걸리고
밤 불빛이 문상객들 손을 잡아주었다.
상두꾼 매김장단에 조등도 울먹거렸다.

어른이 되었을 때
아버지 돌아가셨다.
조용하다.
이웃들도 모른다.
영안실 복도에 번듯한 이름표 단 꽃무덤들
은근히 자리다툼이다.

조등, 어디에 켜져 있을까.

5
가위 바위 보

밥
─행복 조건·1

청국밀 느루 먹던 시절
어머니 고봉으로 면발 담아주시며
─사내자식은 어디 가도 배고프면 안 된다.
자꾸만 사리 얹어주셨다.

아내는 그릇 전 밑으로 밥을 숨긴다.
─적당히 배가 고파야 한다.
넘겨다보지 말고 숟가락 놓으란다.

이름 짓기
―행복 조건·2

아들 내외가 아이 이름을 지어달란다.

손자 손녀 이름짓기는
할아버지의 대물림.

항렬 생각하고, 부르기 좋고
뜻도 그럴듯한 이름 찾는다고
미적미적하였더니
예쁜 이름 대여섯 개 가지고 와
낙점을 놓아 달란다.

가족
—행복 조건·3

모처럼 한자리에 모였다.
시집 간 큰딸이 느닷없이 묻는다.
―아빠, 어떤 며느리를 원해요?
―엄마 같은 며느리.
둘째 딸이 걱정스럽다는 듯이
―아빠, 아들 장가 가기 힘들어요.
미역 다듬던 아내가
슬며시 옆에 앉는다.

가벼운 차이
—행복 조건 · 4

계곡물은 끊임없이 흐르고 있네.

할매는 운다 하고
아이는 노래한다 하네.

할매는 겨울을 녹인다 하고
아이는 봄을 풀어낸다 하네.

할매는 바위에 부딪쳐 아프다 하고
아이는 바위를 쓰다듬으며 사랑한다 하네.

할매는 돌아오지 않는 길이라 하고
아이는 큰 세상으로 나가는 길이라 하네.

기싸움
―행복 조건·5

　세살배기가 날이 갈수록 고집이 늘고 욕심이 많아진다. 장난감 진열대 앞에 가면 마음에 드는 것을 만지작거리다가는 주머니에 손을 찌르고 서 있다. 같이 뒷짐지고 서 있다. 한참을 그러다 힐끗 눈치를 살피고는 몇 걸음 물러서다가 기어이 점찍은 자동차를 가지고 나온다. 어르고 달래면 마지못해 제자리에 두고 나온다. 뒤돌아 몇 걸음 가다가 다시 돌아가 자동차를 집어 들고 도망치듯 달아난다.

　허허 웃으며 뒤따라 간다.
　내가 졌다.

살림에 대한 이력

시골 낮은 지붕 단간방에 신혼살림을 꾸렸지요. 주인집 부엌에 빌붙어 그릇 몇 개 엎어놓고, 숟가락 두어 개. 근무지를 옮길 때마다 단간방. 내가 살아도 내 방이 아니었답니다. 열세 평 아파트. 등기하고 처음으로 빗자루 들고 방청소를 하면서 스스로 신분 상승이라 생각했지요. 조금 넓은 집으로 이사를 해도 첫마음은 생기지 않았어요. 첫 월급으로 마련한 대한전선 표 라디오. 고장이 나 수리점에 갔더니 단종된지 오래. 종업원 아가씨 눈길 뒤로하고 신제품 들고 나오는 발걸음 가벼웠습니다. 청룡야구 신나게 중계하던 흑백텔레비젼이 칼러텔레비전으로 바뀔 때는 세상이 달라보였지요. 열 달 월부로 구입한 반자동 세탁기. 다리가 무너질 때까지 오래 붙들고 있었답니다. 아직 거방진 질그릇보다 잗달은 사기그릇에 손이 자주 갑니다. 하나하나씩 일구는 삶의 이력에 겹겹 아내의 손마디 굵어진 수고와 이랑진 미소가 쌓였습니다.

가위 바위 보

살아온 날들이 그렇다.
이기고 지고, 지고 이기고
반복되는 이기고 지고 지고 이기는 배열에 따라
꽃이 피고 지고, 웃고 울었다.

유년에는 주먹만 내어도
어머니에겐 늘 이기는 즐거운 놀이였다.
사랑하면서는 져주고 싶어
주먹만 내어도 이길 때가 많은 행복한 응석이었다.

살이 판에서는
손목 꼬아 하늘 보고, 손등에 주름잡아 점을 치고
온갖 지혜 모으는 멱살잡이 판이었지만

잎 지고 마른 가지 손 시린 저물녘에는
뒷짐 지고 내밀지 않는 손.
마주 보며 웃는 얼굴엔 활짝 편 보만 보인다.

화해

아기 주먹만한 토분에 앉은
풍년초 한 포기 책상에 놓였다.
누군가 화해의 손을 내미는 것인가.
연보라 자잘한 웃음으로
제 이름 버젓이 달아
한 폭의 그림이 되고,
그림이 되어 아름다운 실존.
잎 달고 꽃 피워 세상 이름 가질 수 있고
그 이름으로 홀로 서도 좋은 세상.
허허로운 삶에서
뿌리의 진한 노고 어찌 배우랴.
혼자 저녁 식탁에 앉아도 외롭지 않을
뿌리의 생애가 몸에 배인다면
갓난 애기의 배냇짓 웃음으로
세상 향해 손을 내민다.

행복찾기

선물로 받은 하루는
행복을 찾아 떠나는 여행길이었다.
햇살 창 넘어오고 고즈넉한 적막 머무르는 동안
밥 끓는 소리 들을 때
찬물에 손 담그면 고동치는 기운 온몸으로 느낄 때
젓가락 간추리고 식사 전 기도드릴 때
문을 나서며 지구의 중심이 발밑에 있음 알 때
오래된 사람들 만나고, 안부 묻고, 손잡을 때
앞니 빠진 할배의 함박웃음 같은 저녁노을이
어깨를 포근히 감싸안을 때
조용히 어둠이 오고 청국장에 입맛 돋울 때
헛발질만 하고 돌아온 하루가 억수로 소중해질 때
골골골 잠든 아내의 체온을 안을 때
그냥 무심으로 지나온 날들도
행복은 늘 그 자리에 그렇게 있었다.

바람의 대답

늘 마주 선다.

바람은 부드럽게,
세차게 울고 웃으며
새 말로 묻는다.

―사는 게 어떠노.

묵은 말로 푼다.

―지나간 바람은 바람이 아니더라.

진부령

눈엔
능선 타고 넘는 구름떼서리

귀엔
계곡 건반 두드리는 물풍금 소리

천의무봉 물안개 입고
오름길 내림길

바위로 설까.
나무로 설까.

우편함은 속이 붉다

아침 저녁 허방을 짚는
우편함은 내 속이다.

누군가 보내리라
꽃편지 한 장 목이 마르다.

너를 향한 그리움으로
철없이 날려 보낸 말의 씨들.
어느 길목에서 꽃 피고 있을까.

내 우편함은
아직도 속이 붉다.

| 해설 |

현재 진행형의 시간을 위하여

김선굉(시인)

1

　나는 그의 두 번째 시집 『허전한 인사』(만인사, 2005)와 세 번째 시집 『세월 걸음』(만인사, 2008)을 위한 산문을 썼다. 네 번째 시집 『아버지의 시간』 원고를 받아들고, 이렇게 깊고 길게 이어지는 박상옥과의 문학적 인연에 대해서 생각하지 않을 수 없었다. 나는 두 번에 걸쳐 박상옥 시인의 작품 세계를 들여다 보았으며, 시 정신이 작동하는 서정적 메커니즘을 분석한 바 있다. 그래서 또 내가 쓰는 게 맞나 하는 생각 때문에 원고를 끌어안고 한 계절을 훌쩍 건너뛰었다. 그러나 글 또한 운명에 속하는 것. 내가 이 글을 쓰기로 마음먹은 것은 이 시집이 세 번째 시집 이후 십여 년만에 나온다는 것과 내친 김에 박상옥론의 핵심을 한 번 더 확인할 필요가 있다고 생각했기 때문이다.
　박상옥과의 추억은 80년대 중후반으로 거슬러 올라

간다. 수요문학교실과 강변시인학교를 둘러싸고 펼쳐지던 구미 시절의 열정을 어떻게 잊을 수 있겠는가. 장옥관과 나는 화전민이 되어 원시림을 갈아엎고 구미문학의 텃밭을 일구었다. 우리는 전통찻집 연다원에 수요문학교실 현판을 걸었다. 말하자면 연다원은 구미문학을 위해 밭을 갈고 씨를 뿌리기 위한 농막이었다. 얼마 후 평론가 김양헌이 합류하면서 바야흐로 구미문학의 르네상스가 열렸다.

구미 시절, 한참 선배인 박상순이 객석에 얼굴을 내밀기 시작했다. 그때 박상순은 문학 청년 시절 아무런 고뇌 없이 붓을 던진 원죄를 끌어안고 속울음을 울고 있었다. 그는 뒤늦은 습작에 밤을 지새웠으며, 만날 때마다 새로운 작품을 테이블 위에 올리는 열정을 보여 주었다. 그의 습작을 지켜보면서 가장 깊게 비평적 잣대를 들이댄 것 또한 김양헌이었다. 젊은 문학 지망생들 속에 섞여 치열하게 작업을 하던 박상순은 1993년 박상옥이란 필명으로 『심상』 신인상을 받고 문단에 데뷔했다. 돌이켜보면 시를 향한 그의 열정은 대단했다. 참으로 안쓰럽고 뜨거웠던 구미 시절을 떠올리면서, 삼십 년이라는 어마어마한 세월이 이렇게 후딱 지나가버리는구나 하는 감회에 젖는다. 그 기나긴 세월은 지금도 〈현재 진행형〉의 「아버지의 시간」이 되어 우리의 몸을 스치고 있다.

2

박상옥 문학의 지형도를 좀더 깊숙이 살피기 위해 이미 발표된 두 편의 작품을 소환할 필요가 있다. 2016년 1월 대구문학관에서 대구 서정시 선집 3 '90년대 시인 편 엔솔로지를 묶을 때, 나는 두 번째 시집 『허전한 인사』에 발표된 그의 시 「나비는 길을 묻지 않는다」를 작품집 제목으로 뽑아 올렸다.

> 나비는 날아오르는 순간 집을 버린다.
> 날개 접고 쉬는 자리가 집이다.
> 잎에서 꽃으로 꽃에서 잎으로 옮겨 다니며
> 어디에다 집을 지을까 생각하지 않는다.
> 햇빛으로 치장하고 이슬로 양식을 삼는다.
> 배불리 먹지 않아도 고요히 내일이 온다.
> 높게 날아오르지 않아도
> 지상의 아름다움이 낮은 곳에 있음을 안다.
> 나비는 길 위에서 길을 묻지 않는다.
> ―「나비는 길을 묻지 않는다」 전문

이 작품을 꿰뚫고 있는 시 정신의 핵심은 사물과 현상의 본질을 직관해 내는 서정적 상상력이다. 박상옥의 시 정신은 나비의 날개에 실려 자유롭고 지혜로운 삶의 자세를 설파한다. 〈높게 날아오르지 않아도/지상의 아름다움이 낮은 곳에 있음을 안다〉는 직관은 박상옥 시인의 인생 그 자체를 꿰뚫는 아포리즘이다. 지금까지 그의 문학이 걸어온 길을 일별해 보면 〈낮은 곳〉, 즉 우리의 삶 근처에 있는 〈지상의 아름다움〉을 노래하고 있음을 알 수 있다. 첫 시집 『내 영혼의 경작지』가 그렇고, 두 번째 시집 『허전한 인사』가 그렇고, 세 번째 시집 『세월 걸음』이 그렇다. 네 번째 시집 『아버지의 시간』 또한 그 서정적 궤도가 일상적 삶 근처에서 운행되고 있다. 말하자면 그의 문학은 평범한 일상 속에서, 보편적으로 널린 사회적 상식 안에서 모티브를 찾는다. 그것을 서정의 깃으로 알처럼 품어 부화시키기도 하고, 영혼의 텃밭을 갈아 이런저런 서정의 씨앗을 심기도 하는 것이다. 네 번째 시집 『아버지의 시간』이라는 밭에는 그 전과는 달리 신앙시라는 큼직한 이랑이 하나 만들어졌으며, 「붉은 일탈」이나 「붉은 전언」, 「우편함은 속이 붉다」와 같이 유난히 붉은 이미지의 시편들이 강렬한 인상으로 다가온다. 이 작품과 함께 박상옥 서정의 진수를 이해하기 위해서 세 번째 시집 『세월 걸음』에서 작품 「무너짐에 대하여」를 살펴볼 필요가 있다.

작은 멧새의 울음에도

겨울은 황홀하게 무너져 내립니다.

그렇지요.
황홀하게 무너져야지요.
눈물보다 웃음으로
꽃의 영광으로 무너져야지요.

나비의 입맞춤에 꽃은 문이 열리고
물총새 부리에 숭숭 뚫리는 강물.

달맞이꽃 씨방 터지는 소리에
산의 정적이 가벼워지고요.
들판을 품은 아지랑이
봄비 한 방울에 초록을 내어놓습니다.

궁시렁거리며 앞서는 세월.
청춘은 어기대며 주름살 내어놓습니다.
—「무너짐에 대하여」 전문

  이 작품은 자연을 모티브로 한 시편들 가운데 심금을 울리는 한 편이다. 작품 전체가 현란한 이미지로 수놓인 비단이다. 여기에 〈궁시렁거리며 앞서는 세월/청춘은 어기대며 주름살 내어 놓〉을 수밖에 없는 인생의 허무를

버무려 넣음으로써 박상옥 특유의 서정의 힘을 유감 없이 보여주고 있다. 특히 〈물총새 부리에 숭숭 뚫리는 강물〉은 우리를 사로잡는 황홀한 이미지다. 그리 깊지도 넓지도 않은 강물이 있다. 여기저기 초병처럼 수양버들이 서 있고, 갈대와 억새와 갈풍이 우거진 강물 위에 물새들이 흩어져 있다. 그 가운데 물총새 한 마리가 부지런히 물 속으로 주둥이를 밀어 넣으며 먹이를 찾고 있다. 그 장면을 시인은 〈물총새 부리에 숭숭 뚫리는 강물〉이라고 표현하고 있다. 그런데 왜 이 장면이 이토록 심금을 울리는 것일까. 나는 상당히 긴 묵상 끝에 나름대로 답을 찾았다. 그 비밀은 강물은 물총새 부리에 뚫리지 않는다는 역설에 있었다.

박상옥 시인은 이처럼 자연 친화적 시편에서 서정의 건강성을 보여주고 있다. 생활과 자연을 모티브로 한 시편들을 읽으면서, 나는 박상옥 시인이 열어갈 서정의 앞날을 일상적 삶을 더 깊이 끌어안는 따뜻한 서정과 자연을 더 깊이 통찰하는 건강하고 아름다운 서정의 세계가 될 것임을 예감했다. 그리고 그 예감은 네 번째 시집 『아버지의 시간』에서도 판화처럼 선명하고 아름답게 구현되고 있다.

3

　박상옥의 서정은 시인의 일상적 삶 깊숙이 닻을 내리고 있다. 그의 시 정신은 서정의 「경작지」를 갈아엎고 부드럽게 로타리를 쳐서 거기다 시의 씨앗을 파종한다. 그의 시집들은 이렇게 거둔 문학적 성과다. 자신을 시의 밭을 가는 농부임을 선언한 첫 번째 시집 『내 영혼의 경작지』가 그렇고, 산업화 시대를 온몸로 건너는 지식인의 고뇌를 담은 두 번째 시집 『허전한 인사』가 그렇고, 사십여 년을 몸담은 교직을 떠나면서 담담히 존재의 의미를 묻는 세 번째 시집 『세월 걸음』이 그렇다. 그가 짠 서정의 피륙은 시집이 나올 때마다 그 무늬와 결을 달리하면서 진화하고 있다. 그것은 그가 건너고 있는 시절과 그의 연륜이 빚어내는 필연적인 결과다. 네 번째 시집 『아버지의 시간』 또한 박상옥류의 창작 매커니즘이 작동하고 있음은 물론이다. 작품의 체온이 더 따뜻해지고 표정이 깊어진 것은 삶과 자연을 성찰하는 연륜과 시력이 더욱 깊어졌기 때문이다. 그리고 그의 실존을 휩싸고 흘러가고 있는 시간이 현재 진행형이기 때문이다.

　　살아온 기억들이 사라져가는
　　아버지 생애 어디쯤
　　화려한 시간들이

집 앞 개울물처럼 흐르고 있을까요.
기억의 갈고리 풍덩풍덩 던지신,
언뜻언뜻 걸리는
마흔 또는 쉰쯤의 화려한 날들의
그 쨍쨍한 햇살들.
아버지의 시간은
언제나 현재 진행형이다.
―「아버지의 시간·1」 전문

　박상옥은 젊은 날들의 기억을 잃어버린 채 요양병원에서 적막한 시간을 보내고 있는 〈아버지〉를 통해 생의 의미와 존재의 이유를 탐색하고 있다. 그 사유의 맨 밑바닥에 도사리고 있는 정서는 허무와 절망이며, 그 우울한 그림자는 죽음을 향해 빠른 속도로 수렴되고 있다. 그러나 박상옥은 그 허무와 절망 한가운데서 〈언뜻언뜻 걸리는/마흔 또는 쉰쯤의 화려한 날들의/그 쨍쨍한 햇살들〉을 건져 올리고 있다. 여기서 주목해야 할 부분은 〈아버지의 시간은/언제나 현재 진행형이〉라는 통찰이다. 이 문맥에서 제시된 〈아버지의 시간〉은 박상옥의 시간이며, 우리 모두의 시간이다. 그리고 그 〈시간은/언제나 현재 진행형이다.〉 이것을 박상옥이 지금까지 온몸으로 밀고 온 서정적 세계 인식의 경지라고 말해도

될 것 같다. 박상옥의 문학적 인생을 둘러싼 모든 시간들은 이 눈부신 명제를 얻기 위해 바쳐졌으며, 그러므로 그의 모든 작품들은 현재 진행형의 시간대 위에서 반짝이고 있는 서정의 세계다. 그리고 그 시간은 〈아장아장 유년으로 들어가는/아름다운 시간〉(「아버지의 시간. 2」)이다.

4

잃어버린 시간, 캄캄한 허무와 절망의 늪에서 〈현재 진행형의 시간〉을 건져올리는 에너지는 어디에서 온 것일까. 그 에너지원은 박상옥이 평생을 경영해 온 문학의 힘, 서정의 힘이다. 그리고 이와 함께 가톨릭에 귀의한 그의 깊은 신앙심 또한 그의 세계 인식의 동력에 큰 힘이 되고 있다고 생각한다.

이번 시집에서 그는 아예 한 부를 신앙시로 할애하고 있다. 이 시편들로 인하여 이 시집은 앞서 펴낸 세 권의 시집과는 확연히 다른 표정을 띠고 있다. 그의 신앙시편들은 일반적인 신앙시들이 빠지기 쉬운 기도나 신앙 고백이 아니라 일상적 삶 속에서 서정적 에스프리를 건져올리고 있다.

노인성경대학 원장 수녀님이 강의 중에
언제 하느님을 찾습니까 묻는다.
대답 참 가지가지다.
기쁘고 좋을 때보다 아프고 어려울 때가 더 많다.

미수 지난 할매가
나는 하느님을 찾지 않습니다 한다.

모두 과녁 빗나간 화살을 줍는 표정들이다.

늘 내 손을 잡고 계시니까요.
—「내 손을 잡고 계시니까요」 전문

내게 잘못하는 놈들을 용서하지 않았습니다.
물고 늘어져 이겨야 했으니까요.
그러니까 하느님 저를 용서하지 아십시오.
유혹은 재스민 향기보다 부드럽고
눈깔사탕보다 달콤했습니다.
붉은 손 검은 손,
현란한 손짓에 풍덩풍덩 빠져 놀다가
뭍으로 나온 벌거숭이.
부끄러운 줄도 모르겠습니다.

—「하느님」 부분

「내 손을 잡고 계시니까요」는 서정적으로 승화된 아름다운 신앙시다. 〈하느님을 찾지 않는다〉는 배교에 가까운 도발적인 발언이 〈늘 내 손을 잡고 계시〉기 때문이라는 극적 반전을 이루면서 완성도 높은 신앙시 한 편이 만들어진 것이다. 말하자면 〈어둠과 밝음의 숙주인/몸은 우주〉(「몸은 우주다」)라는 신앙적 통찰과 〈묵주알 하나가 우주의 무거움인/진리를 알게〉(「알게 하소서」)해 달라는 기도는 종교적 구원이 아닌 문학적 아포리즘으로 다가오고 있다. 「하느님」은 어떤가. 신앙적 삶의 방법이 먹히지 않는 현실 속에서 마치 신앙을 포기한 탕자처럼 하느님 앞에 거침없이 달려드는 듯한 모습은 준엄한 자아 성찰과 자아 비판의 시정신이 아프게 녹아들어 있는 작품이라고 할 수 있다. 절대자, 특히 유일신을 신앙의 대상으로 하는 종교시편들의 시적 호흡은 대부분 기도와 간구로 흘러가는 경향이 강하다. 그러한 경향은 신앙에 대한 문학의 종속을 야기하기 쉽다. 일종의 신앙적 목적 문학으로서 서정시의 순수성이 심각하게 훼손될 우려가 있다. 그러나 박상옥은 〈기억의 변방으로 밀려나도/어느 날 문득 누군가 그리워지면/그는 내 안에서 화려한 부활이〉며, 〈부활은 그리움의 깨어남이며/살아 믿는 자의 은총이며/살아 기도하는 자의 축복이〉(「부활의 조건」)라고 노래하고 있다. 자칫 신앙적 매

너리즘으로 기울기 쉬운 테마를 승화된 서정문학으로 건져올리고 있는 것이다. 이 지점에서 더욱 중요한 것은 이 신앙시편들이 내포하고 있는 신앙심이 그의 시 정신과 융합되면서 상당한 시너지 효과를 내고 있다는 사실이다. 그 서정적 명제가 바로 〈아버지의 시간은/언제나 현재 진행형이〉라는 빛나는 구절이다.

그러고 보니 그의 모든 작품들은 현재 진행형의 시간 속에서 꽃을 피우고 있다. 말하자면 그의 시편들은 현재 진행형의 시간을 위하여 피워올린 아름답고 슬픈 생의 예찬이다.

> 망월사 주지 스님이 따라주는 보이차
> 차마고도 말똥내 나는 차 앞에 두고
> 찻잔에 빠진 별 건져내고 있다.
> 별들을 띄워놓은 밤하늘의 문장.
> 그 행간을 걸어볼 엄무도 내지 못한다
> 연거푸 말똥내 컹컹거리며 차를 마시면
> 법문 행간에서 별 하나 딸 수 있으리라.
> ―「밤하늘의 문장」부분

할아버지는 딸들이 요양원으로 모셔가고 할머니 동그마니 시골집 지킨다. 할아버지 보고 싶지 않으시냐고 물었다. 쪼그리고 앉아 아궁이에 장작개비 던져넣으며, 아싸하게 보고 싶다는 생각은 없는데 쥐고 있던 것을 놓아버린 것 같네. 영감 손 간 물건들 보니 문득문득 코끝이 짠해지니 이게 보고 싶은 건가. 잔불 일구며 허허허 속애린 웃음 울컥울컥 따라 웃었다.

―「아궁이집」 전문

「밤하늘의 문장」은 〈별들을 띄워놓은 밤하늘의 문장./그 행간〉을 더듬으며 차를 마시는 순간이 현재 진행형의 시간이 되어 살아있음의 기쁨을 환기시켜주는 작품이다. 「아궁이집」은 일상적 삶의 고단함과 상처를 깊숙이 들여다보면서 인생의 비극적 구간을 선명한 나이테처럼 직관해 내고 있다. 그러므로 시인은 〈잔불 일구며 허허허 속애린 웃음〉을 짓고 있는 할머니 곁에서 〈울컥울컥 따라 웃〉는다. 그 웃음은 비극적 상황이 극대화된 〈울컥울컥〉 북받치는 슬픔을 억누르면서 웃는 모순형용으로 극대화된 할머니의 비극적 삶을 직관해 내는 것이다. 좀 거칠게 요약하면 박상옥의 작품 세계는 생의 기쁨(「밤하늘의 문장」)과 존재의 허무(「아궁이집」) 사이에서 현재 진행형의 시간으로 전개되고 있다. 그리고 그 시간은 따뜻한 인간애와 긍정의 시학으로 구현되고 있다.

5

이번 시집에서 또 하나 주목해야 할 부분은 여기저기서 전개되고 있는 붉은 색채 이미지의 시편들이다.

> 담장을 넘어오는 덩굴장미
> 툭, 툭, 저 붉은 일탈.
> 그리운 애지랑날
> 먼 길로 돌아오는 바람의 맥박이
> 연신 장미를 다독이고 있다.
> ─「붉은 일탈」 부분

> 남해 바닷가를 거닐다가
> 알래스카에서 날아온 전화를 받았다.
> (……)
>
> 노을 지는 바다
> 붉은 전언을 적시며
> 비가 올 것 같다.
> 비가 온다.
> ─「붉은 전언」 부분

> 너를 향한 그리움으로
> 철없이 날려보낸 말의 씨들

어느 길목에서 꽃 피고 있을까.

내 우편함은
아직도 속이 붉다.
　—「우편함은 속이 붉다」 부분

　노래하고 고함지르고 웃고 울기도 해야 세상은 그늘 지붕을 내어주고 따뜻한 문장으로 말 걸어준다. 처음과 이제와 내일로 이어지는 길은 붉은 입술이 아름다운 열매를 맺을 때까지 막차의 시간을 재고 있다.
　—「땡볕길」 부분

　앞의 세 작품은 〈장미〉와 〈노을〉과 〈우편함〉을 붉은색으로 채색하고 있다. 그리고 「땡볕길」은 〈붉은 입술〉로 사물(우편함)이나 자연 현상(장미 또는 노을)이 아닌 인체를 붉게 채색함으로써 더욱 강렬한 이미지를 제시하고 있다. 붉음은 생명 의식을 환기하는 색이다. 붉음은 피, 맥박, 체온, 호흡과 같은 강렬한 생명 현상을 연상하게 하며 꿈과 사랑, 욕망과 같은 심리적, 정서적 에너지의 역동성을 불러 일으키는 색이다. 〈담장을 넘어오는 덩굴장미/툭, 툭, 저 붉은 일탈〉은 그냥 피가 아니라 뜨거운 피, 그냥 호흡이 아니라 거친 호흡으로 내닫는 거침없는 욕망으로 읽힌다. 이 붉음의 이미지는

〈내 우편함은/아직도 속이 붉다〉와 자연스럽게 겹쳐진다. 그리고 「땡볕길」의 〈붉은 입술〉 또한 〈아름다운 열매를 맺을 때까지/막차의 시간을 재〉면서 생의 욕망과 삶의 의지를 지향하고 있는 것이다. 「붉은 전언」은 무엇인가. 〈알래스카에서 날아온 전화〉는 분명 가슴 아픈 사연이었을 것이다. 〈노을 지는 바다/붉은 전언을 적시며/비가 올 것 같다./비가 온다.〉 머나먼 곳 〈알래스카에서 날아온〉 뜻밖의 〈붉은 전언〉에 감전되어 시인이 바라보는 노을은 더욱 붉게 타올랐을 것이다. 그리고 〈비가 올 것 같다./비가 온다.〉에서 비는 기어이 터지고 만 시인의 붉은 속울음이 아니겠는가.

　박상옥은 일흔을 넘긴 원로 시인이다. 그럼에도 불구하고 그는 『아버지의 시간』에서 보편적인 서정을 뛰어넘어 내면의 깊은 지층에서 새로운 의미를 발굴해 내는 속 깊은 서정을 펼치고 있다. 그러한 시정신으로 그의 상상력은 〈아버지의 시간은/언제나 현재 진행형〉이라는, 그러므로 모든 시간은 현재 진행형이라는 유의미한 미학적 명제를 건져올리고 있다. 그 명제에 기대어 붉은 색채의 두근거림을 노래하고 있는 것이다. 이 시집이 던지고 있는 가장 중요한 의미는 박상옥의 작품 세계가 앞으로 한참을 더 현재 진행형의 시간으로 붉고 자유롭게 전개될 것임을 예고하고 있다는 것이다.

만인시인선 62
아버지의 시간

초판 인쇄 2017년 10월 25일
초판 발행 2017년 10월 30일

지은이 / 박 상 옥
펴낸이 / 박 진 환

펴낸 곳 / 만인사
출판등록 / 1996년 4월 20일 제03-01-306호
주소 / 41960 대구광역시 중구 명륜로 116
전화 / (053)422-0550
팩스 / (053)426-9543
전자우편 / maninsa@hanmail.net
홈페이지 / www.maninsa.co.kr

ⓒ 박상옥, 2017

ISBN 978-89-6349-107-3 03810

값 9,000원

* 이 책의 내용의 전부나 일부를 사용하려면 반드시 저작권자나 만인사 양측의 동의를 받아야 합니다.
* 이 도서의 국립중앙도서관 출판시도서목록(CIP)은 서지정보유통지원시스템 홈페이지(http://seoji.nl.go.kr)와 국가자료공동목록시스템(http://www.nl.go.kr/kolisnet)에서 이용하실 수 있습니다(CIP제어번호 : CIP2017026977).

만/인/시/인/선

1. **이하석** 시집 | 高靈을 그리다
2. **박주일** 시집 | 물빛, 그 영원
3. **이동순** 시집 | 기차는 달린다
4. **박진형** 시집 | 풀밭의 담론
5. **이정환** 시집 | 원에 관하여
6. **김선굉** 시집 | 철학하는 엘리베이터
7. **박기섭** 시집 | 하늘에 밑줄이나 긋고
8. **오늘의 시 동인** | 「오늘의 시」 자선집
9. **권국명** 시집 | 으능나무 금빛 몸
10. **문무학** 시집 | 풀을 읽다
11. **황명자** 시집 | 귀단지
12. **조두섭** 시집 | 망치로 고요를 펴다
13. **윤희수** 시집 | 풍경의 틈
14. **장하빈** 시집 | 비, 혹은 얼룩말
15. **이종문** 시집 | 봄날도 환한 봄날
16. **박상옥** 시집 | 허전한 인사
17. **박진형** 시집 | 너를 숨쉰다
18. **정유정** 시집 | 보석을 사면 캄캄해진다
19. **송진환** 시집 | 조롱당하다
20. **권국명** 시집 | 초록 교신
21. **김기연** 시집 | 소리에 젖다
22. **송광순** 시집 | 나는 목수다
23. **김세진** 시집 | 점자블록
24. **박상봉** 시집 | 카페 물땡땡
25. **조행자** 시집 | 지금은 3시
26. **박기섭** 시집 | 엮음 愁心歌
27. **제이슨** 시집 | 테이블 전쟁
28. **김현옥** 시집 | 언더그라운드
29. **노태맹** 시집 | 푸른 염소를 부르다
30. **이하석 외** | 오리 시집